AF221672

Impressum
Verlag: BABADADA GmbH, Nedderfeld 112 , 22529 Hamburg
Geschäftsführer / Verlagsleitung: Harald Hof
Druck: Books on Demand GmbH, In de Tarpen 42, 22848 Norderstedt

Imprint
Publisher: BABADADA GmbH, Nedderfeld 112 , 22529 Hamburg, Germany
Managing Director / Publishing direction: Harald Hof
Print: Books on Demand GmbH, In de Tarpen 42, 22848 Norderstedt

училище

el colegio

класна стая
el aula

деление
dividir

186/2

училищен двор
el patio de la escuela

черна дъска
el pizarrón

учител
el maestro

хартия
el papel

пиша
escribir

химикал
la birome

бюро
el escritorio

линеал
la regla

книга
el libro

ученик
el alumno

ученическа раница

la mochila

ученически несесер

la caja de lápices

молив

el lápiz

острилка за моливи

el sacapuntas

гума

la goma (de borrar)

блок за рисуване

el bloc de dibujo

рисунка

el dibujo

четка

el pincel

акварелни бои

la caja de pinturas

ножица

la tijera

лепило

el pegamento

тетрадка за упражнения

el cuaderno de ejercicios

домашна работа

la tarea

число

el número

събиране

sumar

изваждане

restar

умножение

multiplicar

смятане

calcular

буква

la letra

азбука

el abecedario

дума

la palabra

текст

el texto

чета

leer

тебешир

la tiza

час

la lección

дневник на класа

el cuaderno de clase

изпит

el examen

свидетелство

el certificado

ученическа униформа

el uniforme escolar

образование

la educación

справочник

la enciclopedia

университет

la universidad

микроскоп

el microscopio

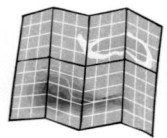

карта

el mapa

кошче за хартиени
отпадъци

el tacho (de basura)

пътуване
el viaje

хотел
el hotel
Grand
хостел
el hostel
ROOMS
EXCHANGE
обменно бюро
la casa de cambio
куфар
la valija
кола
el auto

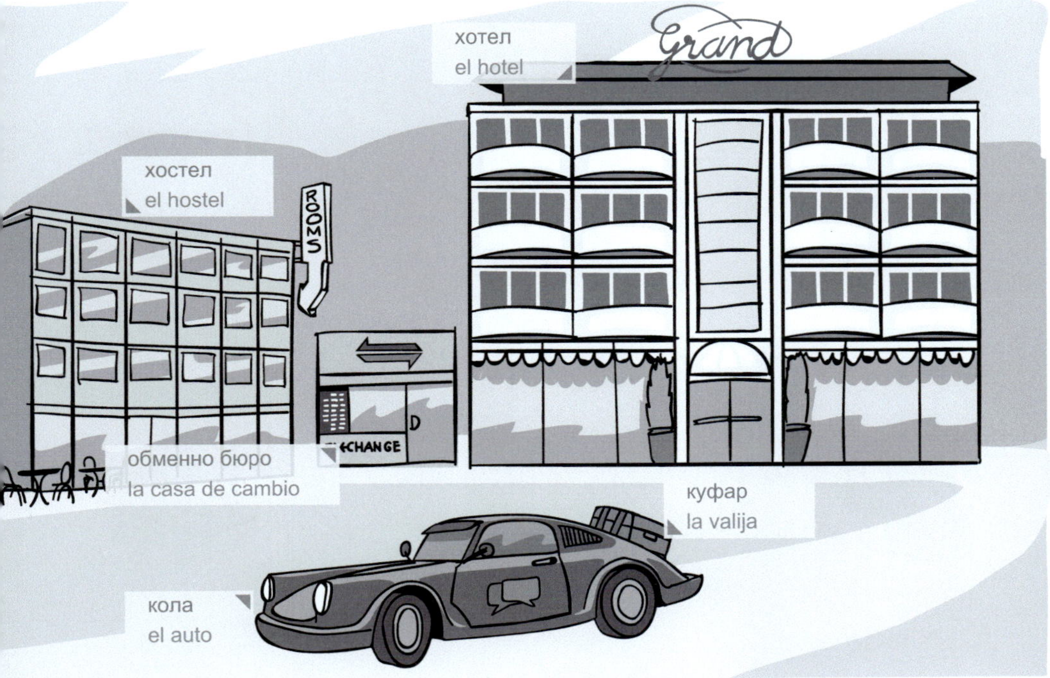

език
el idioma

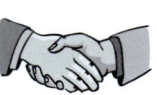

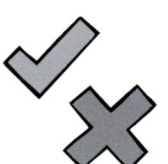

да / не
sí / no

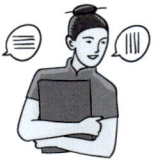

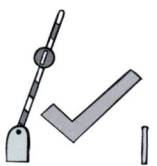

Окей
Está bien

здравей
hola

преводач
el traductor

Благодаря
Gracias

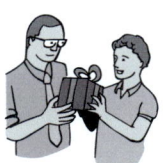

Колко струва…?

¿cuánto cuesta…?

Не разбирам

No entiendo

проблем

el problema

Добър вечер!

¡Buenas tardes!

Добро утро!

¡Buenos días!

Лека нощ!

¡Buenas noches!

довиждане

el adiós

посока

la dirección

багаж

el equipaje

пътна чанта

el bolso

раница

la mochila

посетител

el invitado

стая

la habitación

спален чувал

la bolsa de dormir

палатка

la carpa

уристическа информация

la información turística

плаж

la playa

кредитна карта

la tarjeta de crédito

закуска

el desayuno

обед

el almuerzo

вечеря

la cena

билет

el pasaje

асансьор

el ascensor

пощенска марка

el sello

граница

la frontera

митница

la aduana

посолство

la embajada

виза

la visa

паспорт

el pasaporte

транспорт
el transporte

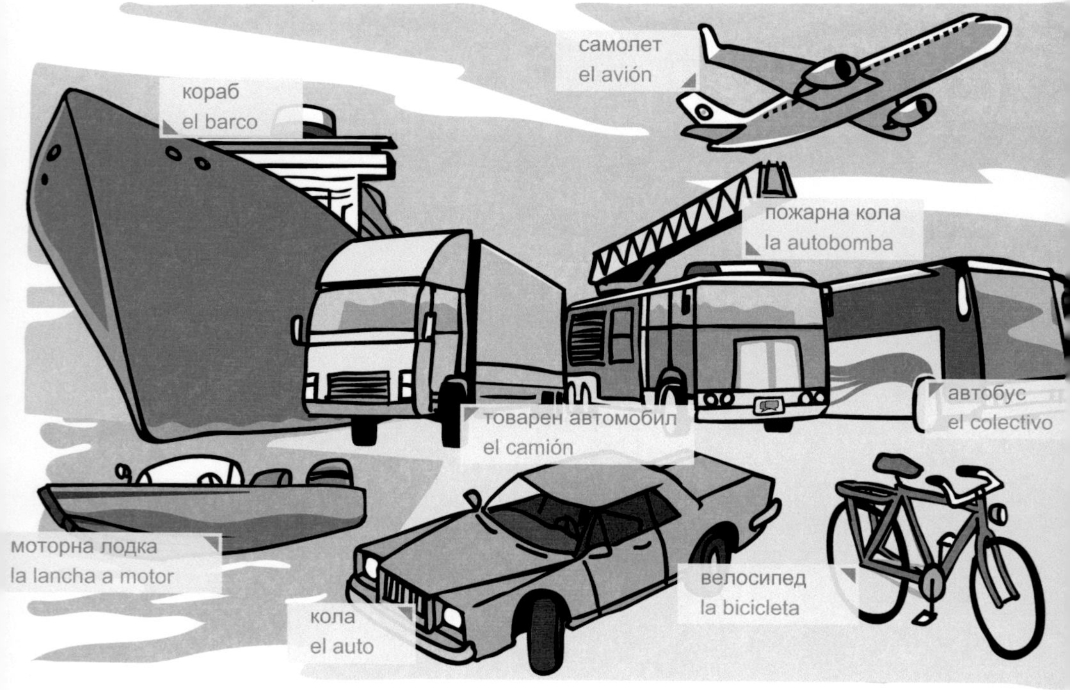

самолет
el avión

кораб
el barco

пожарна кола
la autobomba

автобус
el colectivo

товарен автомобил
el camión

моторна лодка
la lancha a motor

велосипед
la bicicleta

кола
el auto

ферибот

el ferry

лодка

el bote

мотоциклет

la moto

полицейска кола

el patrullero

състезателна кола

el auto de carreras

кола под наем

el auto de alquiler

каршеринг

el alquiler de autos

автомобил от "Пътна помощ"

la grúa

сметовоз

el camión de la basura

двигател

el motor

бензин

la nafta

бензиностанция

la estación de servicio

пътен знак

la señal de tránsito

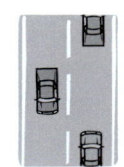

улично движение

el tránsito

задръстване

el embotellamiento

паркинг

el estacionamiento

гара

la estación de tren

релси

las vías

влак

el tren

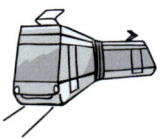

трамвай

el tranvía

вагон

el vagón

хеликоптер

el helicóptero

аерогара

el aeropuerto

кула

la torre

пасажер

el pasajero

контейнер

el contenedor

кашон

la caja de cartón

ръчна количка

la carretilla

кошница

la canasta

излитам / приземявам се

despegar / aterrizar

град

la ciudad

село

el pueblo

градски център

el centro de la ciudad

къща

la casa

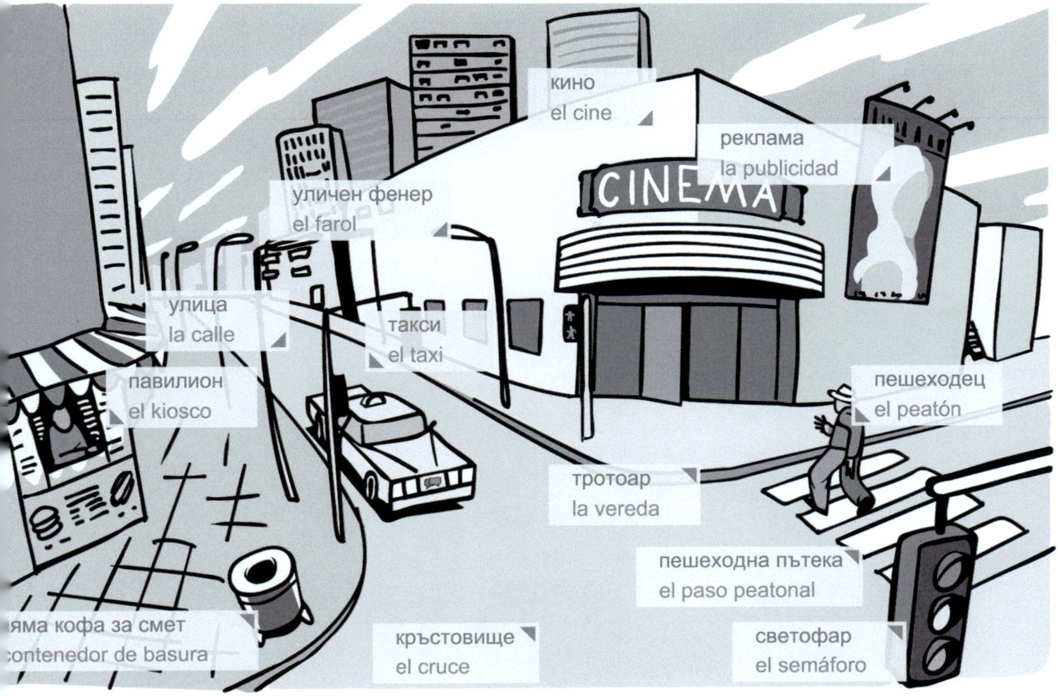

кино
el cine
реклама
la publicidad
CINEMA
уличен фенер
el farol
улица
la calle
такси
el taxi
павилион
el kiosco
пешеходец
el peatón
тротоар
la vereda
пешеходна пътека
el paso peatonal
яма кофа за смет
contenedor de basura
кръстовище
el cruce
светофар
el semáforo

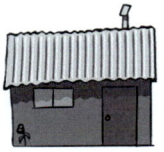

хижа

la cabaña

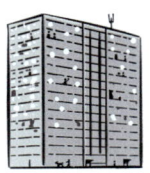

жилище

el departamento

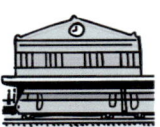

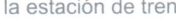

гара

la estación de tren

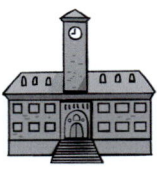

кметство

la municipalidad

MUSEUM

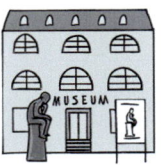

музей

el museo

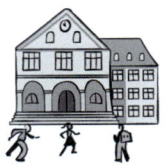

училище

el colegio

университет

la universidad

банка

el banco

болница

el hospital

хотел

el hotel

аптека

la farmacia

офис

la oficina

книжарница

la librería

магазин за цветя

el negocio

магазин за цветя

la florería

супермаркет

el supermercado

пазар

el mercado

универсален магазин

las grandes tiendas

търговец на риба

la pescadería

търговски център

el centro comercial

пристанище

el puerto

парк

el parque

пейка

el banco

мост

el puente

стълба

las escaleras

метро

el subte

тунел

el túnel

автобусна спирка

la parada del colectivo

бар

el bar

ресторант

el restaurante

пощенска кутия

el buzón

улична табелка

el letrero

часовник за паркинг престой

el parquímetro

зоологическа градина

el zoológico

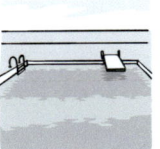

плувен басейн

la pileta

джамия

la mezquita

селски двор

la granja

замърсяване на околната
среда

la contaminación

гробище

el cementerio

църква

la iglesia

детска площадка

los juegos infantiles

храм

el templo

пейзаж

el paisaje

листо
la hoja

пътепоказател
el poste indicador

път
el camino

ливада
la pradera

камък
la piedra

дърво
el árbol

пътешественик
el excursionista

река
el río

трева
la hierba

цвете
la flor

долина

el valle

планина

la montaña

море

el lago

гора

el bosque

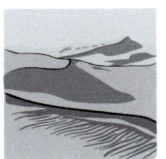

пустиня

el desierto

вулкан

el volcán

замък

el castillo

дъга

el arco iris

гъба

el champiñón

палма

la palmera

комар

el mosquito

муха

la mosca

мравка

la hormiga

пчела

la abeja

паяк

la araña

бръмбар

el escarabajo

жаба

la rana

катеричка

la ardilla

таралеж

el erizo

заек

la liebre

кукумявка

la lechuza

птица

el pájaro

лебед

el cisne

диво прасе

el jabalí

елен

el ciervo

лос

el alce

бент

la presa

вятърна турбина

el aerogenerador

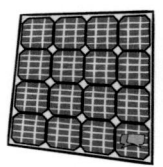

соларен модул

el panel solar

климат

el clima

ресторант
el restaurante

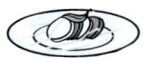

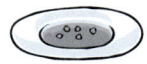

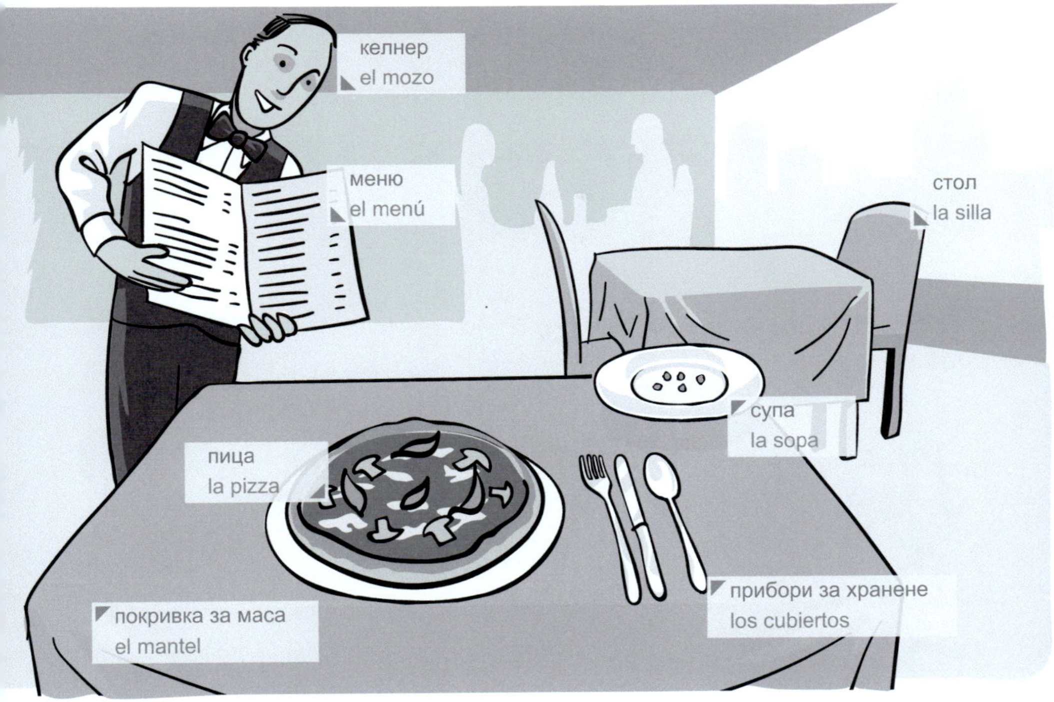
келнер
el mozo
меню
el menú
стол
la silla
супа
la sopa
пица
la pizza
прибори за хранене
los cubiertos
покривка за маса
el mantel

предястие

la entrada

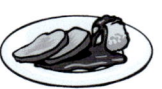

основно ястие

el plato principal

десерт

el postre

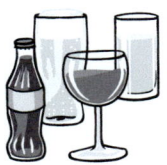

напитки

las bebidas

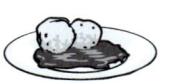

ядене

la comida

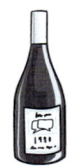

бутилка

la botella

бързо хранене

la comida rápida

улична храна

la comida callejera

кана за чай

la tetera

кутия за захар

la azucarera

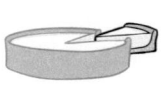

порция

la porción

еспресо машина

la cafetera expreso

висок детски стол

la sillita alta

сметка

la cuenta

табла

la bandeja

ножица за нокти

el cuchillo

вилица

el tenedor

лъжица

la cuchara

чаена лъжичка

la cucharita

салфетка

la servilleta

стъклена чаша

el vaso

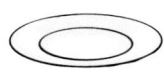

чиния

el plato

чиния за супа

el plato hondo

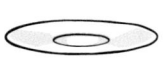

чинийка

el plato

сос

la salsa

солница

el salero

мелничка за черен пипер

el molinillo de pimienta

оцет

el vinagre

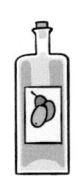

олио

el aceite

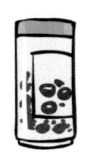

подправки

las especias

кетчуп

el kétchup

горчица

la mostaza

майонеза

la mayonesa

супермаркет
el supermercado

оферта
la oferta especial
FOR
клиент
el cliente
млечни продукти
los lácteos
плодове
la fruta
количка за покупки
el changuito

BUTCHERS

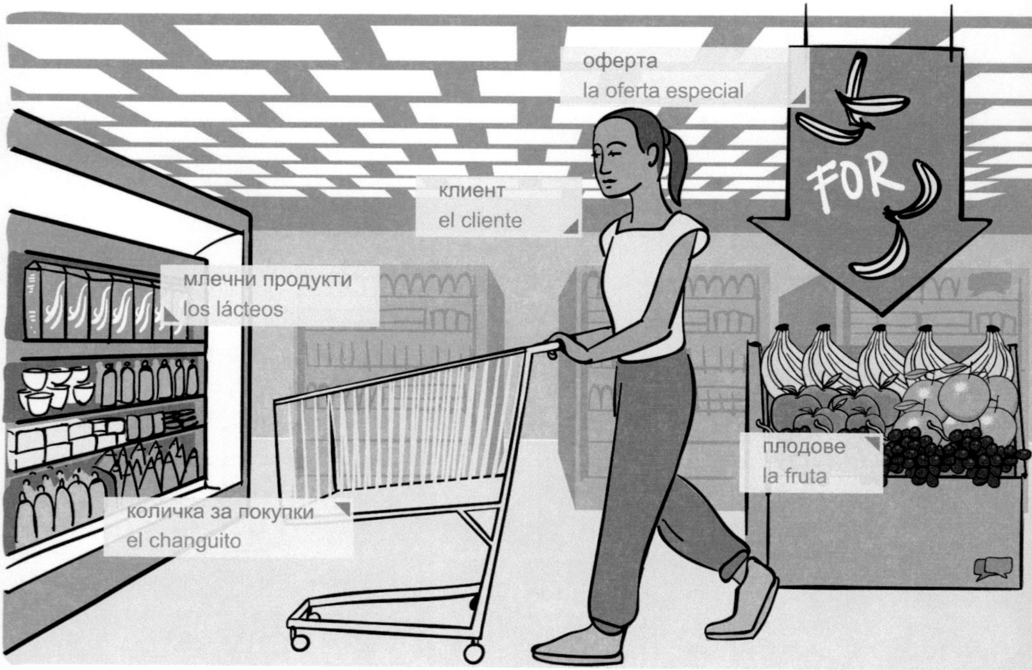

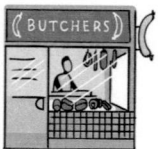

кланица

la carnicería

BAKERY

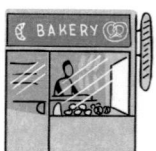

хлебарница

la panadería

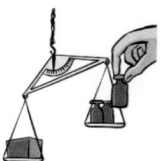

тегля

pesar

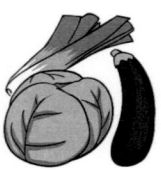

зеленчуци

las verduras

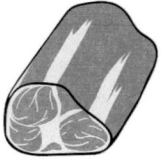

месо

la carne

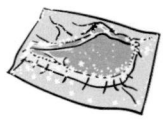

дълбоко замразена храна

los alimentos congelados

нарязан колбас или
сирене
los fiambres

консерви
los alimentos enlatados

перилен препарат
el detergente en polvo

лакомства
las golosinas

домакински изделия
los electrodomésticos

почистващи препарати
los productos de limpieza

продавачка
la vendedora

каса
la caja

касиер
el cajero

списък на покупките
la lista de compras

работно време
el horario de atención

портфейл
la billetera

кредитна карта
la tarjeta de crédito

чанта
la cartera

пластмасова торба
la bolsa de plástico

вода

el agua

сок

el jugo

мляко

la leche

кола

la bebida cola

вино

el vino

бира

la cerveza

алкохол

el alcohol

какао

el cacao

чай

el té

кафе машина

el café

еспресо

el café expreso

капучино

el cappuccino

банан

la banana

ябълка

la manzana

портокал

la naranja

пъпеш

el melón

лимон

el limón

морков

la zanahoria

чесън

el ajo

бамбук

el bambú

лук

la cebolla

гъба

el champiñón

ядки

las nueces

макарони

los fideos

спагети

los tallarines

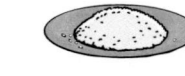

ориз

el arroz

салата

la ensalada

пържени картофи

las papas fritas

печени картофи

las papas fritas

пица

la pizza

хамбургер

la hamburguesa

сандвич

el sándwich

шницел

el churrasco

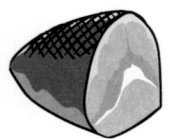

шунка

el jamón

траен колбас

el salame

салам

la salchicha

пиле

el pollo

печено

el asado

риба

el pescado

овесени ядки

los copos de avena

мюсли

el muesli

корнфлейкс

los copos de maíz

брашно

la harina

кроасан

la medialuna

хлебчета

el pancito

хляб

el pan

препечена филийка

la tostada

бисквити

las galletitas

масло

la manteca

извара

la cuajada

сладкиш

la torta

яйце

el huevo

яйца на очи

el huevo frito

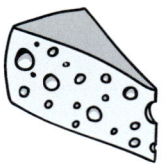

сирене

el queso

ядене - la comida

сладолед

el helado

захар

el azúcar

мед

la miel

мармалад

la mermelada

нуга крем

la pasta de chocolate

къри

el curry

ядене - la comida

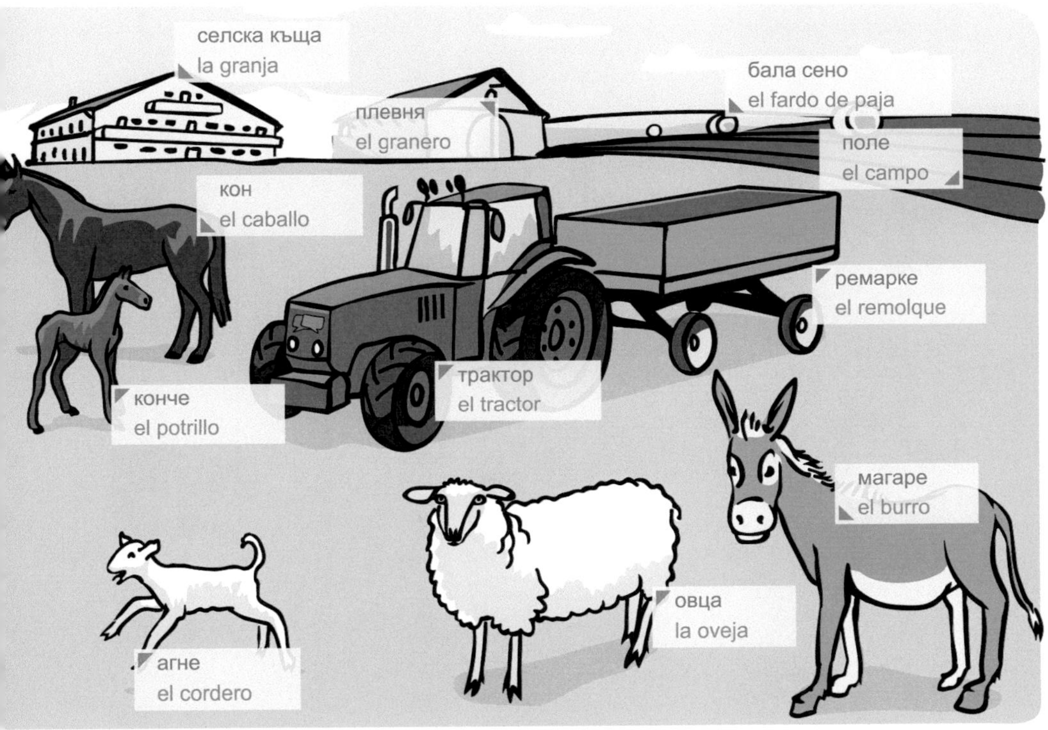

селска къща
la granja

плевня
el granero

бала сено
el fardo de paja

поле
el campo

кон
el caballo

ремарке
el remolque

конче
el potrillo

трактор
el tractor

магаре
el burro

агне
el cordero

овца
la oveja

коза
la cabra

крава
la vaca

теле
el ternero

свиня
el cerdo

прасенце
el lechón

бик
el toro

гъска

el ganso

патица

el pato

пиленце

el pollo

кокошка

la gallina

петел

el gallo

плъх

la rata

котка

el gato

мишка

el ratón

вол

el buey

куче

el perro

кучешка колиба

la cucha

градински маркуч

la manguera

лейка

la regadera

коса

la guadaña

плуг

el arado

сърп

la hoz

мотика

la azada

вила за тор

la horquilla

брадва

el hacha

ръчна количка

la carretilla

корито

el abrevadero

съд за мляко

la lechera

чувал

la bolsa

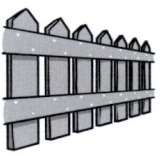

ограда

la reja

обор

el establo

парник

el invernadero

земя

el suelo

сеитба

la semilla

тор

el fertilizador

комбайн

la cosechadora

жъна

cosechar

реколта

la cosecha

ямс

las batatas

жито

el trigo

соя

la soja

картоф

la papa

царевица

el maíz

рапица

la semilla de colza

овощно дърво

el árbol frutal

маниока

la mandioca

зърнени храни

los cereales

къща
la casa

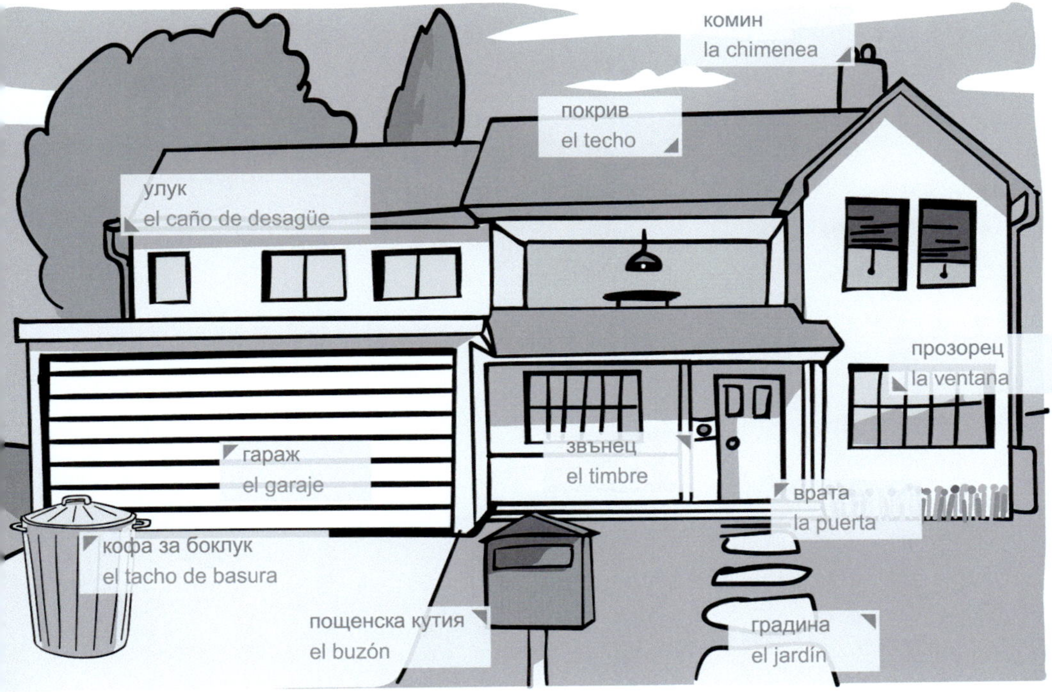
комин
la chimenea
покрив
el techo
улук
el caño de desagüe
прозорец
la ventana
гараж
el garaje
звънец
el timbre
врата
la puerta
кофа за боклук
el tacho de basura
пощенска кутия
el buzón
градина
el jardín

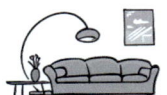

всекидневна

el living

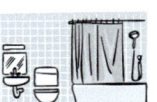

баня

el baño

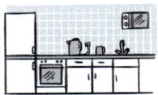

кухня

la cocina

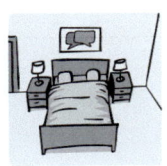

спалня

el dormitorio

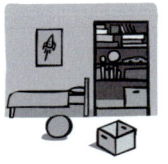

детска стая

el cuarto de los chicos

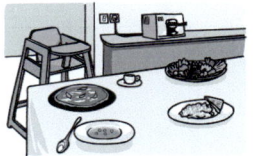

трапезария

el comedor

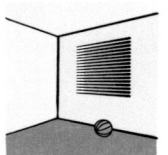

под

el piso

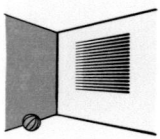

стена

la pared

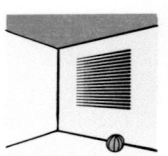

таван

el cielorraso

изба

el sótano

сауна

el sauna

балкон

el balcón

тераса

la terraza

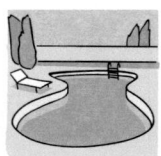

плувен басейн

la pileta

косачка

la cortadora de pasto

спално бельо

la sábana

покривка за легло

el acolchado

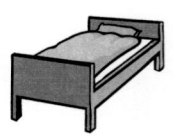

легло

la cama

метла

la escoba

кофа

el balde

електрически ключ

el interruptor

всекидневна

el living

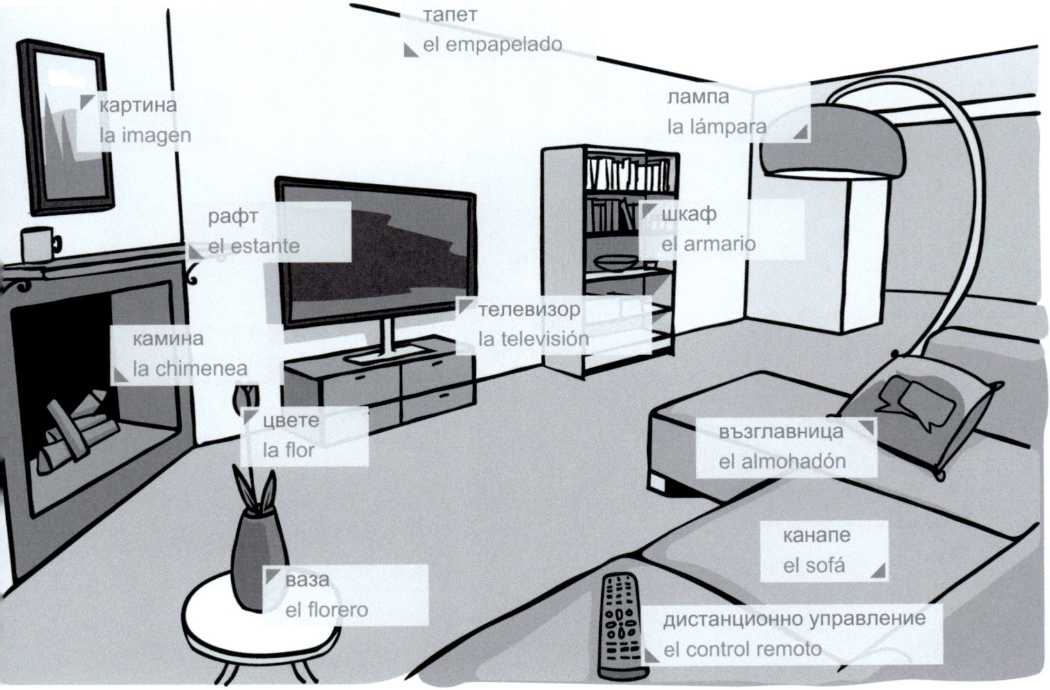

тапет
el empapelado
картина
la imagen
лампа
la lámpara
рафт
el estante
шкаф
el armario
телевизор
la televisión
камина
la chimenea
цвете
la flor
възглавница
el almohadón
канапе
el sofá
ваза
el florero
дистанционно управление
el control remoto

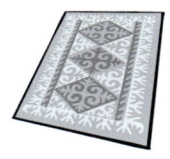

килим

la alfombra

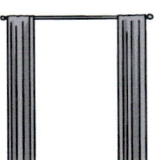

завеса

la cortina

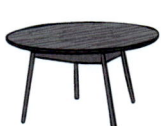

маса

la mesa

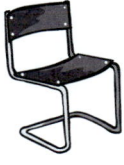

стол

la silla

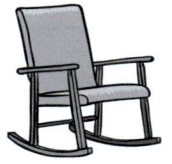

люлеещ се стол

la mecedora

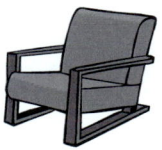

кресло

el sillón

книга

el libro

одеяло

la frazada

декорация

la decoración

дърва за отопление

la leña

филм

la película

стерео уредба

el equipo de música

ключ

la llave

вестник

el diario

живопис

la pintura

постер

el póster

радио

la radio

бележник

el cuaderno

прахосмукачка

la aspiradora

кактус

el cactus

свещ

la vela

кухня
la cocina

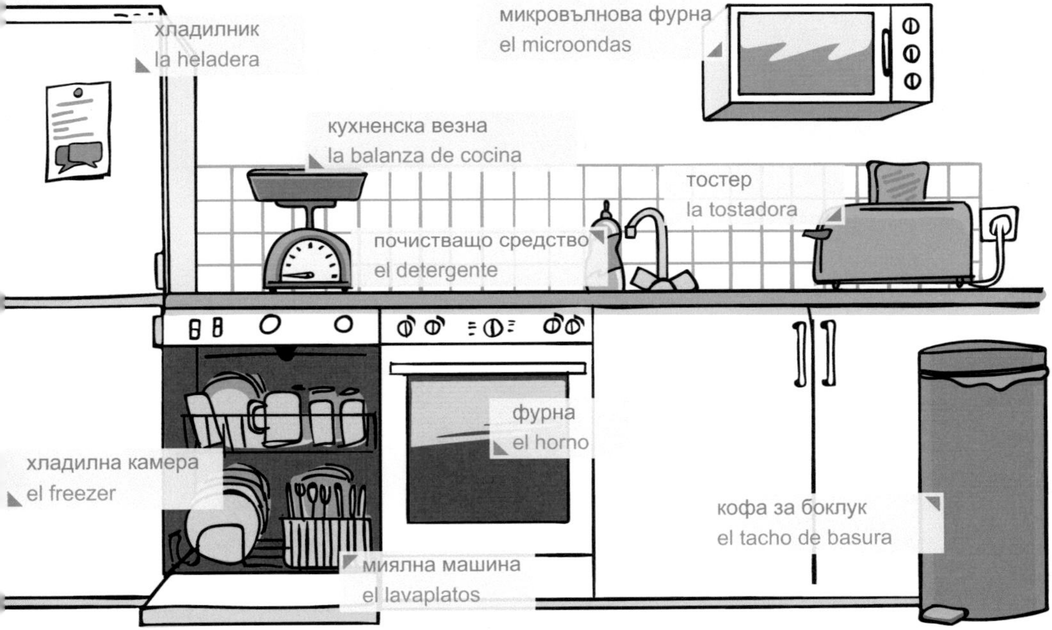
хладилник
la heladera
микровълнова фурна
el microondas
кухненска везна
la balanza de cocina
тостер
la tostadora
почистващо средство
el detergente
фурна
el horno
хладилна камера
el freezer
кофа за боклук
el tacho de basura
миялна машина
el lavaplatos

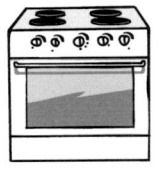

готварска печка

la cocina

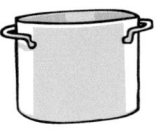

тенджера

la olla

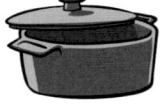

желязна тенджера

la olla de hierro fundido

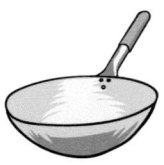

уок / кадаи

el wok

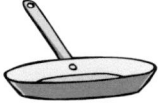

тиган

la sartén

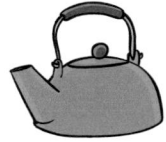

кана за затопляне на вода

la pava

уред за готвене на пара

la vaporera

тава за печене

la bandeja de horno

съдове

la vajilla

чаша

la taza

купа

el bol

клечки за хранене

los palitos

черпак

el cucharón

лопатка за тиган

la espátula

тел за разбиване (на яйца, белтъци)

la batidora

кошница за варене

el colador

гевгир

el colador

ренде

el rallador

хаван

el mortero

барбекю

la parrilla

огнище

la fogata

дъска

la tabla de picar

точилка

el palo de amasar

тирбушон

el sacacorchos

кутия

la lata

отварачка за консерви

el abrelatas

кухненска ръкохватка

la manopla

мивка

la pileta

четка

el cepillo

гъба

la esponja

миксер

la batidora

фризер

el congelador

бебешко шише

la mamadera

воден кран

la canilla

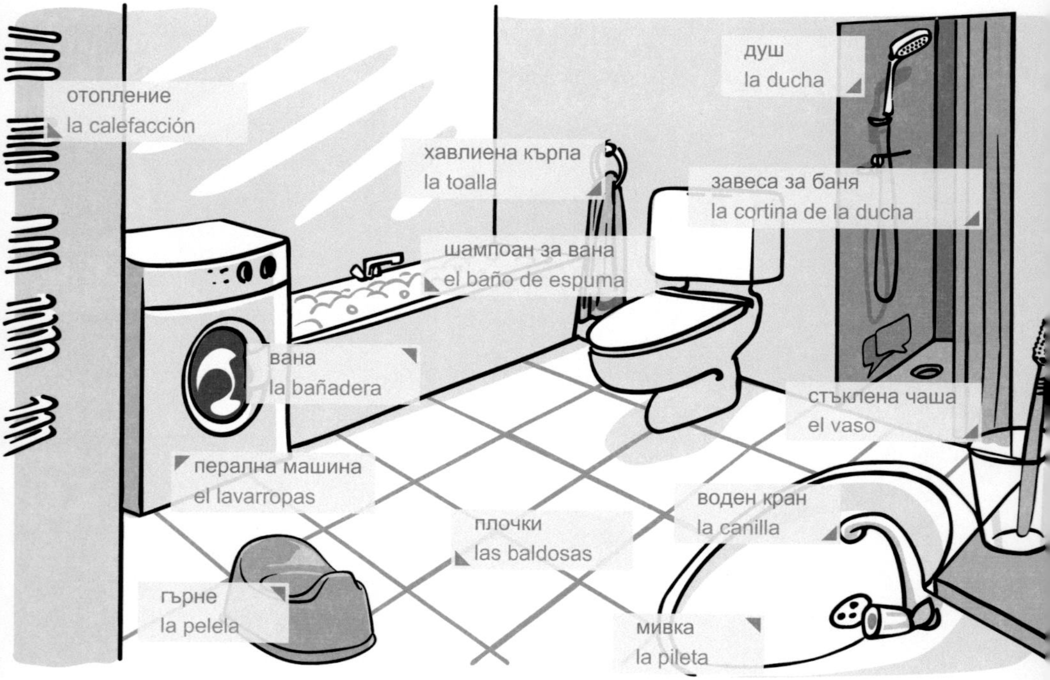

отопление
la calefacción

душ
la ducha

хавлиена кърпа
la toalla

завеса за баня
la cortina de la ducha

шампоан за вана
el baño de espuma

вана
la bañadera

стъклена чаша
el vaso

перална машина
el lavarropas

воден кран
la canilla

плочки
las baldosas

гърне
la pelela

мивка
la pileta

тоалетна

el inodoro

клекало

la letrina

биде

el bidé

писоар

el mingitorio

тоалетна хартия

el papel higiénico

четка за тоалетна

el cepillo para el inodoro

четка за зъби

el cepillo de dientes

паста за зъби

el dentífrico

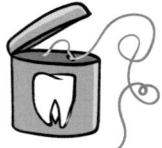

конец за зъби

el hilo dental

мия

lavar

ръчен душ

la ducha de mano

интимен душ

la ducha higiénica

леген

la palangana

четка за гръб

el cepillo para la espalda

сапун

el jabón

душ гел

el gel de ducha

шампоан за вана

el shampoo

гъба за баня

la toallita

сифон

el desagüe

крем

la crema

дезодорант

el desodorante

огледало

el espejo

козметично огледало

el espejito

ръчна самобръсначка

la maquinita de afeitar

пяна за бръснене

la espuma de afeitar

одеколон за след
бръснене
el aftershave

гребен

el peine

четка

el cepillo

сешоар

el secador de pelo

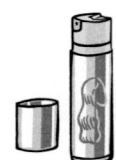

спрей за коса

el spray

грим

el maquillaje

червило

el lápiz de labios

лак за нокти

el esmalte para uñas

памук

el algodón

ножица за нокти

la tijera para uñas

парфюм

el perfume

тоалетна чантичка

el portacosméticos

табуретка

la banqueta

везна

la balanza

хавлия

la bata

домакински ръкавици

los guantes de goma

тампон

el tampón

дамски превръзки

la toallita femenina

химическа тоалетна

el baño químico

детска стая

el cuarto de los chicos

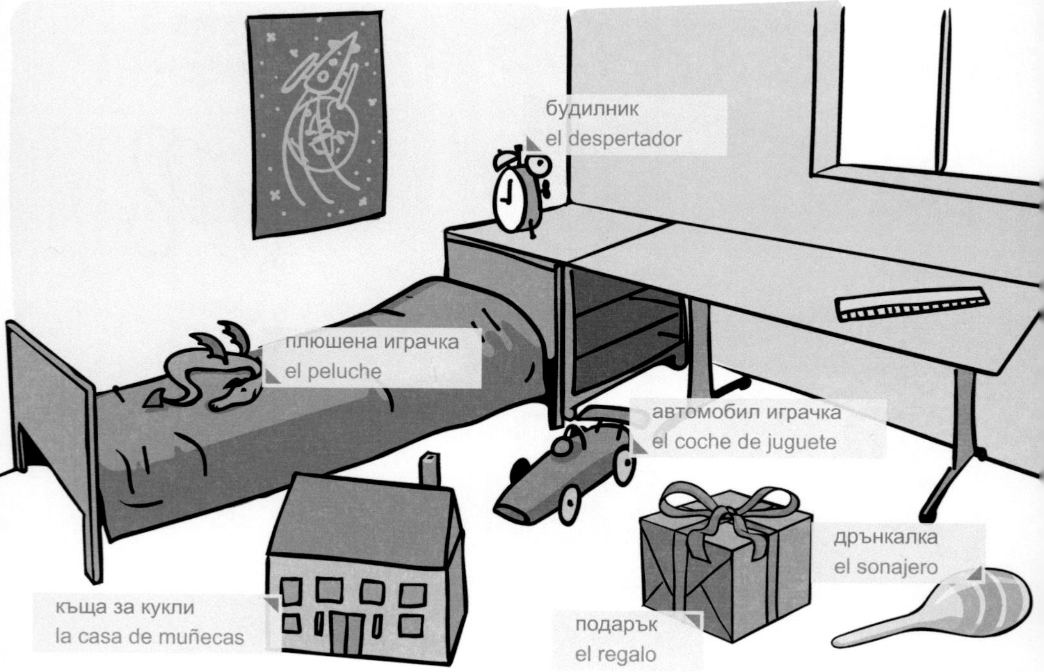

будилник
el despertador
плюшена играчка
el peluche
автомобил играчка
el coche de juguete
дрънкалка
el sonajero
къща за кукли
la casa de muñecas
подарък
el regalo

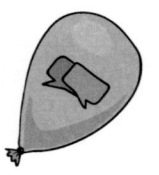

балон

el globo

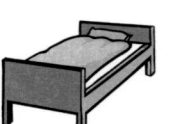

легло

la cama

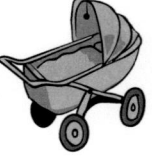

детска количка

el cochecito

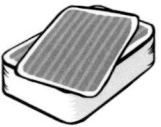

игра на карти

las cartas

пъзел

el rompecabezas

SUPER
MEGA

комикс

la historieta

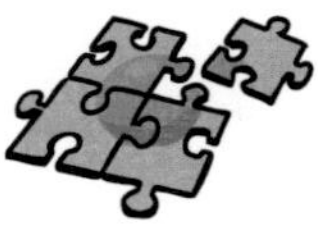

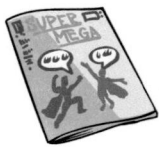

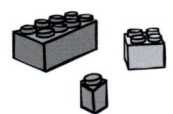

лего елементи

las piezas de lego

строителни елементи

los ladrillos de juguete

екшън фигурка

la figura de acción

бебешки гащеризон

el enterito (de bebé)

фрисби

el frisbee

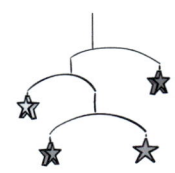

бебешки играчки за легло

el móvil para bebés

настолна игра

el juego de mesa

зарче

los dados

миниатюрно влакче

el tren eléctrico

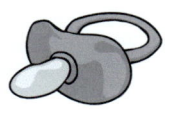

биберон

el chupete

парти

la fiesta

детска книга с илюстрации

el libro de cuentos ilustrado

топка

la pelota

кукла

la muñeca

играя

jugar

пясъчник
....
el arenero

люлка
....
la hamaca

играчка
....
los juguetes

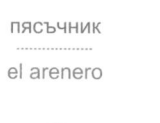

игрова конзола
....
la consola de videojuegos

велосипед с три колелета
....
el triciclo

плюшено мече
....
el osito de peluche

гардероб
....
el armario

облекло

la ropa

къси чорапи
....
las medias

дълги чорапи
....
las medias panty

чорапогащник
....
las calzas

шал
la bufanda

чадър
el paraguas

Т-шърт
la remera

колан
el cinturón

ботуши
las botas

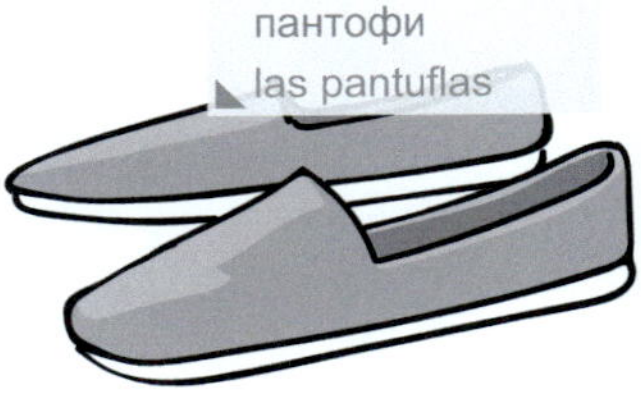

пантофи
las pantuflas

гуменки
las zapatillas

сандали

las sandalias

обувки

los zapatos

гумени ботуши

las botas de goma

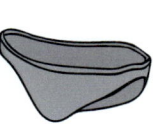

слип

la ropa interior

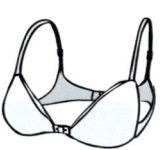

сутиен

el corpiño

долна блуза

el chaleco

облекло - la ropa

боди

el body

панталон

los pantalones

дънки

los jeans

пола

la pollera

блуза

la blusa

риза

la camisa

пуловер

el pulóver

суичър

el buzo

блейзър

el blazer

яке

la campera

палто

el tapado

дъждобран

el piloto

костюм

el traje

рокля

el vestido

булчинска рокля

el vestido de novia

костюм

el traje

нощница

el camisón

пижама

el pijama

сари

el sari

кърпа за глава

el pañuelo para la cabeza

тюрбан

el turbante

бурка

la burka

кафтан

el caftán

абая

la abaya

бански костюм

el traje de baño

плувни шорти

el short de baño

къс панталон

los shorts

анцуг

el jogging

престилка

el delantal

ръкавици

los guantes

облекло - la ropa

копче

el botón

очила

los anteojos

гривна

la pulsera

верижка

el collar

пръстен

el anillo

обеца

el aro

каскет

la gorra

закачалка

la percha

шапка

el sombrero

вратовръзка

la corbata

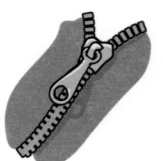

цип

el cierre

каска

el casco

тиранти

los tiradores

ученическа униформа

el uniforme escolar

униформа

el uniforme

лигавник

el babero

биберон

el chupete

пелена

el pañal

офис
la oficina

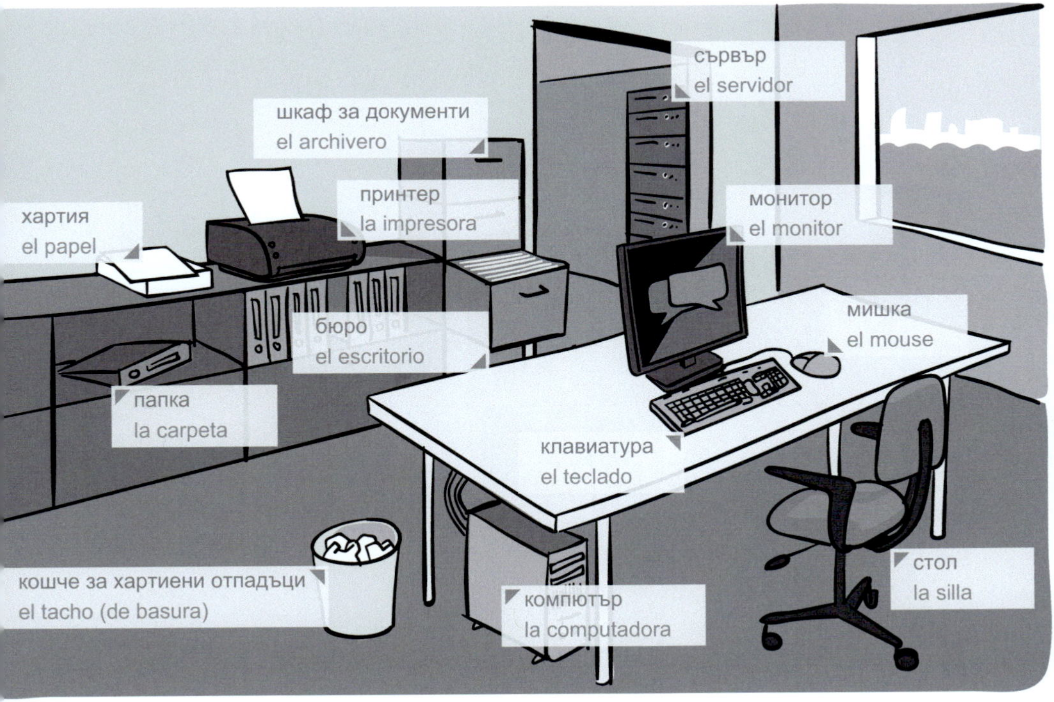

сървър
el servidor

шкаф за документи
el archivero

принтер
la impresora

монитор
el monitor

хартия
el papel

мишка
el mouse

бюро
el escritorio

папка
la carpeta

клавиатура
el teclado

кошче за хартиени отпадъци
el tacho (de basura)

компютър
la computadora

стол
la silla

чаша за кафе

la taza de café

джобен калкулатор

la calculadora

интернет

el internet

лаптоп

la laptop

писмо

la carta

съобщение

el mensaje

мобилен телефон

el celular

мрежа

la red

ксерокс

la fotocopiadora

софтуер

el software

телефон

el teléfono

контакт

el tomacorriente

факс

el fax

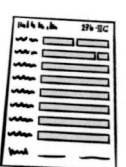

формуляр

el formulario

документ

el documento

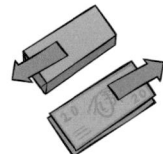

купувам

comprar

плащам

pagar

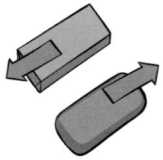

търгувам

hacer negocios

пари

el dinero

долар

el dólar

евро

el euro

йена

el yen

рубла

el rublo

швейцарски франк

el franco suizo

ренминби юан

el yuan

рупия

la rupia

банкомат

el cajero automático

обменно бюро

la casa de cambio

злато

el oro

сребро

la plata

нефт

el petróleo

енергия

la energía

цена

el precio

договор

el contrato

данък

el impuesto

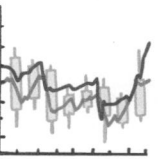

акция

la acción

работя

trabajar

служител

el empleado

работодател

el empleador

фабрика

la fábrica

магазин за цветя

el negocio

професии

las ocupaciones

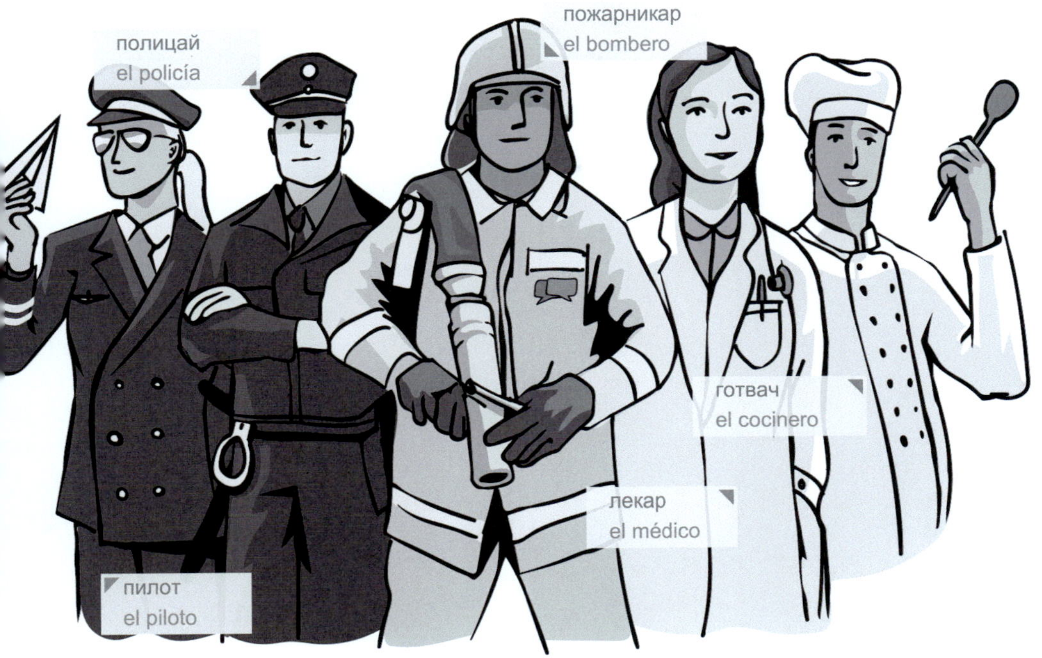
полицай
el policía
пожарникар
el bombero
готвач
el cocinero
лекар
el médico
пилот
el piloto

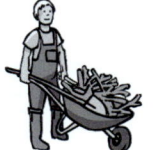

градинар

el jardinero

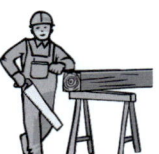

мебелист

el carpintero

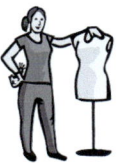

шивачка

la modista

съдия

el juez

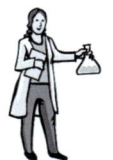

химик

el farmacéutico

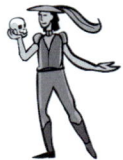

артист

el actor

шофьор на автобус

el colectivero

шофьор на такси

el taxista

рибар

el pescador

чистачка

la mucama

майстор на покриви

el techista

келнер

el mozo

ловец

el cazador

художник

el pintor

хлебар

el panadero

електротехник

el electricista

строителен работник

el albañil

инженер

el ingeniero

касапин

el carnicero

тенекеджия

el plomero

пощальон

el cartero

войник

el soldado

архитект

el arquitecto

касиер

el cajero

цветар

el florista

фризьор

el peluquero

кондуктор

el cobrador

механик

el mecánico

капитан

el capitán

зъболекар

el dentista

научен работник

el científico

равин

el rabino

имàм

el imàn

монах

el monje

свещеник

el sacerdote

инструменти

las herramientas

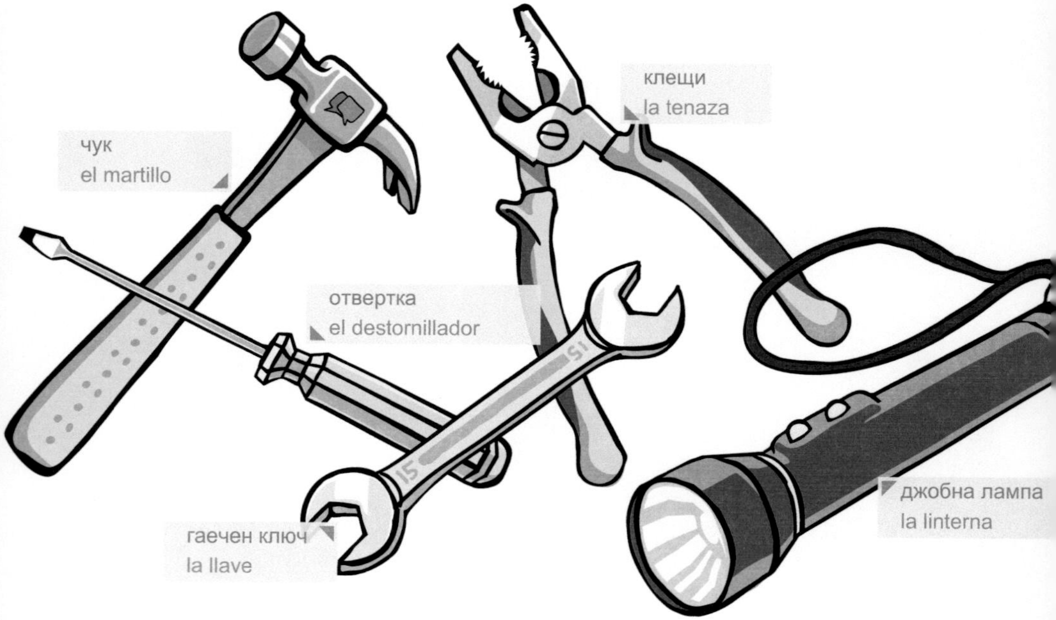
клещи
la tenaza
чук
el martillo
отвертка
el destornillador
гаечен ключ
la llave
джобна лампа
la linterna

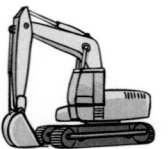

багер

la excavadora

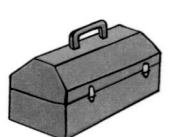

кутия за инструменти

la caja de herramientas

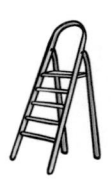

стълба

la escalera portátil

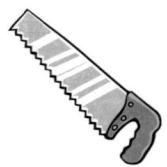

трион

la sierra

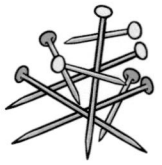

пирони

los clavos

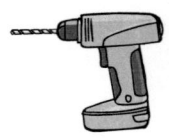

бормашина

el taladro

ремонтирам

arreglar

лопата

la pala de jardín

По дяволите!

¡Qué bronca!

лопатка за смет

la pala de plástico

кутия за боя

el tacho de pintura

болтове

los tornillos

музикални инструменти
los instrumentos musicales

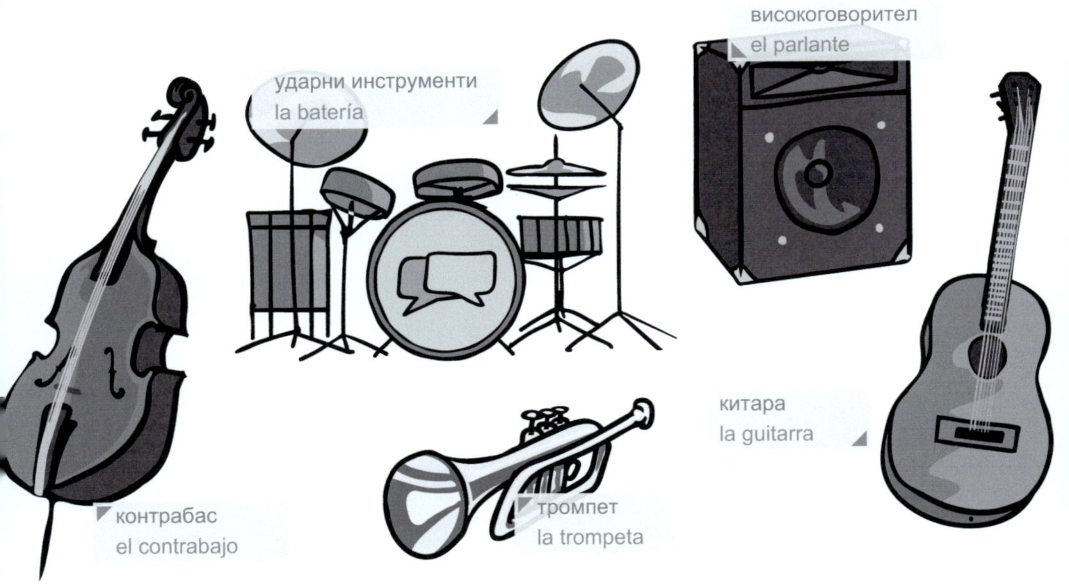

ударни инструменти
la batería

високоговорител
el parlante

китара
la guitarra

контрабас
el contrabajo

тромпет
la trompeta

пиано

el piano

виолина

el violín

контрабас

el bajo

тимпан

los timbales

барабан

el tambor

електрическо пиано

el teclado

саксофон

el saxofón

флейта

la flauta

микрофон

el micrófono

зоологическа градина

el zoológico

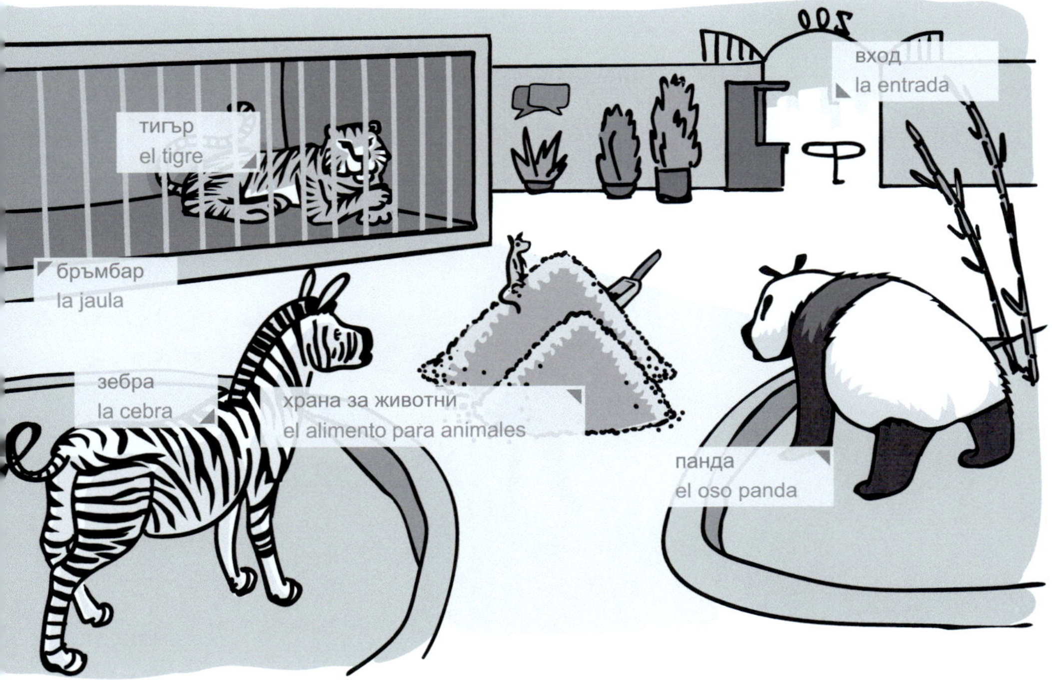

zoo
вход
la entrada
тигър
el tigre
бръмбар
la jaula
зебра
la cebra
храна за животни
el alimento para animales
панда
el oso panda

животни

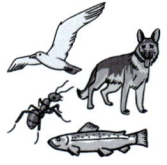

los animales

слон

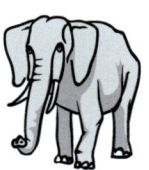

el elefante

кенгуру

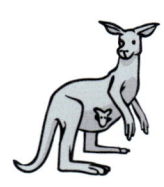

el canguro

носорог

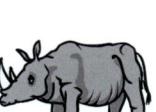

el rinoceronte

горила

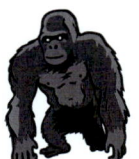

el gorila

мечка

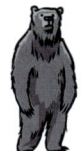

el oso

камила
el camello

щраус
el avestruz

лъв
el león

маймуна
el mono

фламинго
el flamenco

папагал
el loro

бяла мечка
el oso polar

пингвин
el pingüino

акула
el tiburón

паун
el pavo real

змия
la serpiente

крокодил
el cocodrilo

пазач в зоологическа
градина
el cuidador del zoológico

тюлен
la foca

ягуар
el jaguar

пони

el poni

леопард

el leopardo

хипопотам

el hipopótamo

жираф

la jirafa

орел

el águila

диво прасе

el jabalí

риба

el pescado

костенурка

la tortuga

морж

la morsa

лисица

el zorro

газела

la gacela

спорт
los deportes

американски футбол
el fútbol americano

колоездене
el ciclismo

тенис
el tenis

баскетбол
el básquet

плуване
la natación

хокей на лед
el hockey sobre hielo

бокс
el boxeo

футбол
el fútbol

бадминтон
el bádminton

лека атлетика
el atletismo

хандбал
el handball

ски бягане
el esquí

поло
el polo

скачам
saltar

смея се
reír

прегръщам
abrazar

вървя
caminar

пея
cantar

съну́вам
soñar

моля се
rezar

целувам
besar

пиша
escribir

рисувам
dibujar

показвам
mostrar

бутам
presionar

давам
dar

взимам
tomar

имам

tener

правя

hacer

съм

ser

стоя

estar parado

тичам

correr

дърпам

tirar

хвърлям

tirar

падам

caer

лежа

estar acostado

чакам

esperar

нося

llevar

седя

estar sentado

обличам

vestirse

спя

dormir

събуждам се

despertar

разглеждам

mirar

плача

llorar

милвам

acariciar

реша се

peinar

говоря

hablar

разбирам

entender

питам

preguntar

слушам

escuchar

пия

beber

ям

comer

разтребвам

ordenar

обичам

amar

готвя

cocinar

карам автомобил

manejar

летя

volar

дейности - las actividades

плавам (с платна)

navegar

смятане

calcular

чета

leer

уча

aprender

работя

trabajar

женя се

casarse

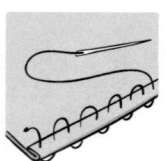

шия

coser

измивам си зъбите

cepillarse los dientes

убивам

matar

пуша

fumar

изпращам

enviar

баба
la abuela

дядо
el abuelo

баща
el padre

майка
la madre

бебе
el bebé

дъщеря
la hija

син
el hijo

посетител

el invitado

леля

la tía

чичо

el tío

брат

el hermano

сестра

la hermana

тяло

el cuerpo

чело
la frente
око
el ojo
рамо
el hombro
пръст
el dedo
лице
la cara
брадичка
la pera
ръка
la mano
гърди
el pecho
крак
la pierna
ръка
el brazo

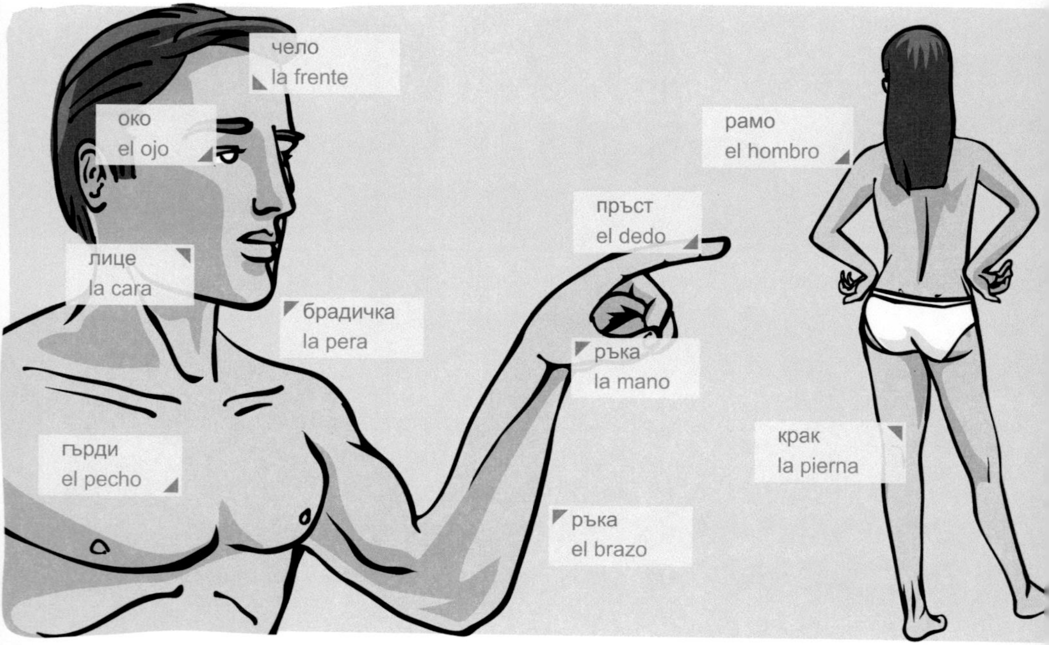

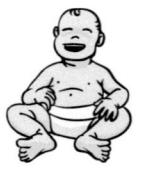

бебе
el bebé

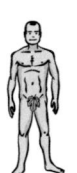

мъж
el hombre

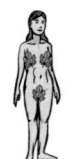

жена
la mujer

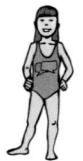

момиче
la nena

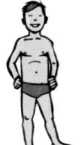

момче
el nene

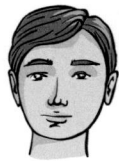

глава
la cabeza

гръб

la espalda

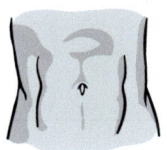

корем

la panza

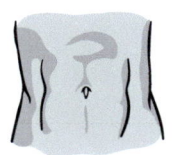

пъп

el ombligo

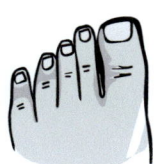

пръст на крака

el dedo del pie

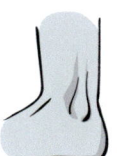

пета

el talón

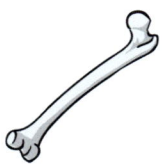

кост

el hueso

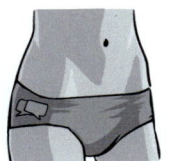

хълбок

la cadera

коляно

la rodilla

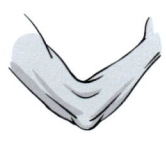

лакът

el codo

нос

la nariz

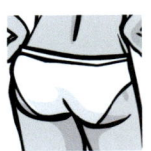

седалище

la cola

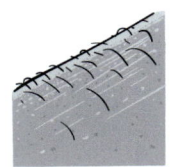

кожа

la piel

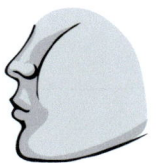

буза

el cachete

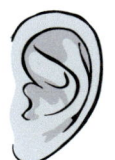

ухо

la oreja

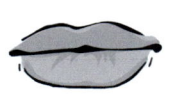

устна

el labio

тяло - el cuerpo

69

уста

la boca

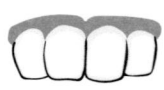

зъб

el diente

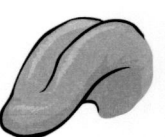

език

la lengua

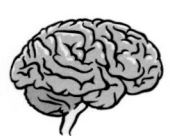

мозък

el cerebro

сърце

el corazón

мускул

el músculo

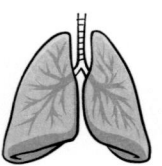

бял дроб

el pulmón

черен дроб

el hígado

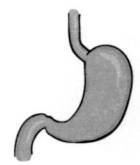

стомах

el estómago

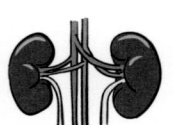

бъбреци

los riñones

полово сношение

el sexo

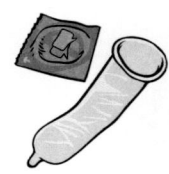

кондом

el preservativo

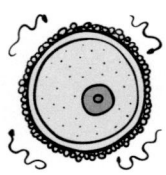

яйцеклетка

el óvulo

сперма

el semen

бременност

el embarazo

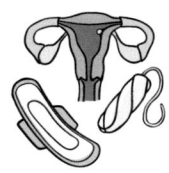

менструация

la menstruación

вагина

la vagina

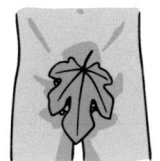

пенис

el pene

вежда

la ceja

коса

el pelo

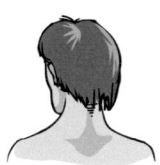

шия

el cuello

болница

el hospital

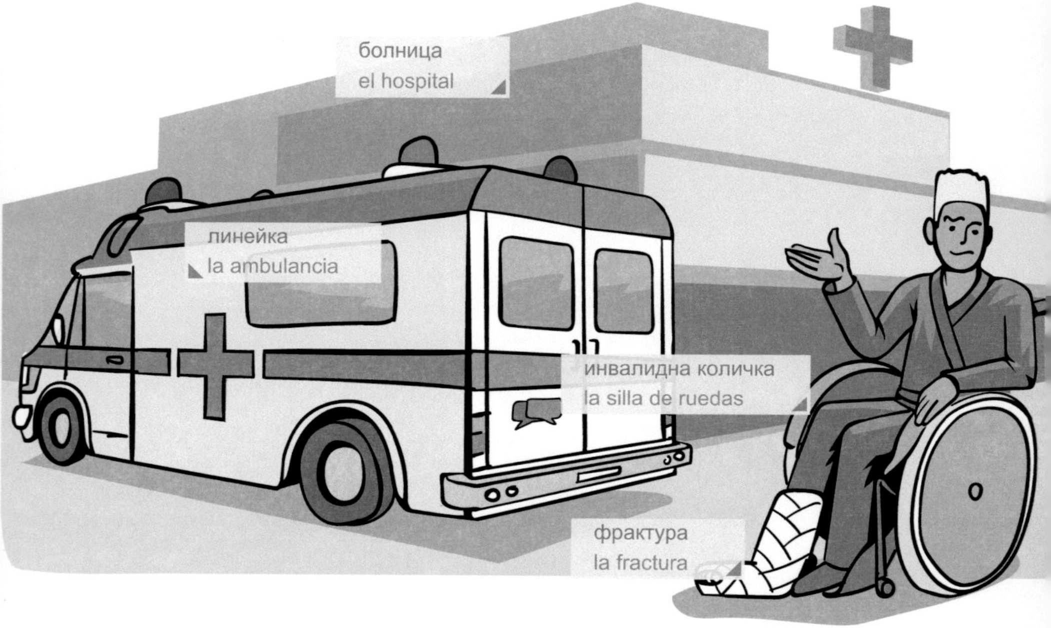
болница
el hospital
линейка
la ambulancia
инвалидна количка
la silla de ruedas
фрактура
la fractura

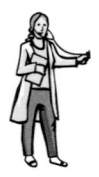

лекар

el médico

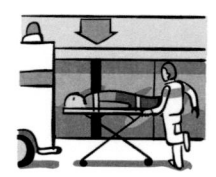

спешна хоспитализация

la sala de guardia

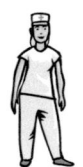

медицинска сестра

la enfermera

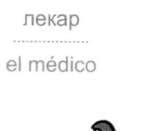

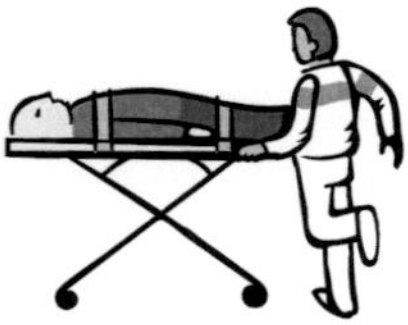

спешен случай

la emergencia

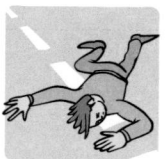

в безсъзнание

inconsciente

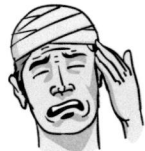

болка

el dolor

нараняване

la lesión

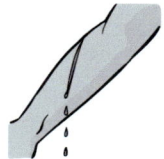

кървене

la hemorragia

инфаркт

el infarto

инсулт

el ACV

алергия

la alergia

кашлица

la tos

температура

la fiebre

грип

la gripe

диария

la diarrea

главоболие

el dolor de cabeza

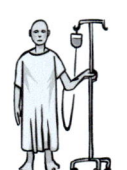

рак

el cáncer

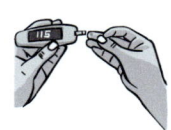

диабет

la diabetes

хирург

el cirujano

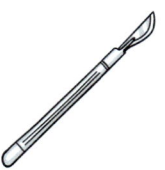

скалпел

el bisturí

операция

la operación

компютърна томография

la TC

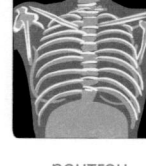

рентген

los rayos x

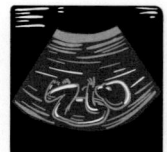

ултразвук

la ecografía

маска

el barbijo

болест

la enfermedad

чакалня

la sala de espera

патерица

la muleta

пластир

la curita

превръзка

la venda

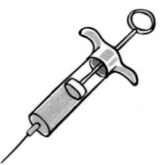

инжекция

la inyección

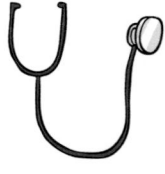

стетоскоп

el estetoscopio

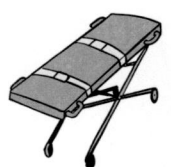

носилка

la camilla

термометър

el termómetro

раждане

el nacimiento

наднормено тегло

el sobrepeso

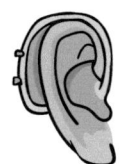

слухов апарат

el audífono

дезинфекционно средство

el desinfectante

инфекция

la infección

вирус

el virus

HIV / AIDS

el VIH / SIDA

медицина

el remedio

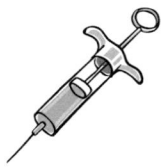

ваксинация

la vacunación

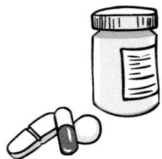

таблети

los comprimidos

противозачатъчна таблетка
la pastilla anticonceptiva

спешно телефонно обаждане
la llamada de emergencia

апарат за измерване на кръвното налягане

el tensiómetro

болен / здрав

enfermo / sano

Помощ!

¡Ayuda!

сигнал за тревога

la alarma

нападение

la agresión

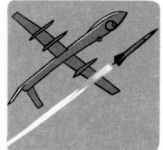

атака

el ataque

опасност

el peligro

авариен изход

la salida de emergencia

Пожар!

¡Fuego!

пожарогасител

el matafuego

злополука

el accidente

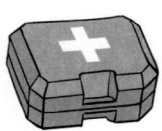

комплект за оказване на
първа помощ

el botiquín de primeros
auxilios

SOS

el SOS

полиция

la policía

Европа

Europa

Северна Америка

América del Norte

Южна Америка

América del Sur

Африка

África

Азия

Asia

Австралия

Australia

Атлантически океан

el Atlántico

Тихи океан

el Pacífico

Индийски океан

el Océano Índico

Южен ледовит океан

el Océano Antártico

Северен ледовит океан

el Océano Ártico

Северен полюс

el polo norte

Южен полюс

el polo sur

Антарктида

la Antártida

Земя

la Tierra

суша

la tierra

море

el mar

остров

la isla

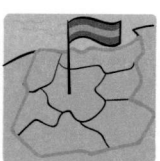

нация

la nación

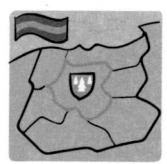

държава

el estado

циферблат

la esfera

стрелка на часовете

la manecilla de las horas

стрелка на минутите

el minutero

стрелка на секундите

el segundero

Колко е часът?

¿Qué hora es?

ден

el día

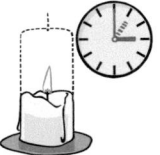

време

la hora

сега

ahora

дигитален часовник

el reloj digital

минута

el minuto

час

la hora

понеделник
lunes

сряда
miércoles

петък
viernes

вторник
martes

четвъртък
jueves

събота
sábado

неделя
domingo

вчера

ayer

днес

hoy

утре

mañana

сутрин

la mañana

обед

el mediodía

вечер

la tarde

MO	TU	WE	TH	FR	SA	SU
1	2	3	4	5	6	7
8	9	10	11	12	13	14
15	16	17	18	19	20	21
22	23	24	25	26	27	28
29	30	31	1	2	3	4

работни дни

los días hábiles

MO	TU	WE	TH	FR	SA	SU
1	2	3	4	5	6	7
8	9	10	11	12	13	14
15	16	17	18	19	20	21
22	23	24	25	26	27	28
29	30	31	1	2	3	4

уикенд

el fin de semana

дъжд
la lluvia

дъга
el arco iris

вятър
el viento

сняг
la nieve

пролет
la primavera

есен
el otoño

лято
el verano

зима
el invierno

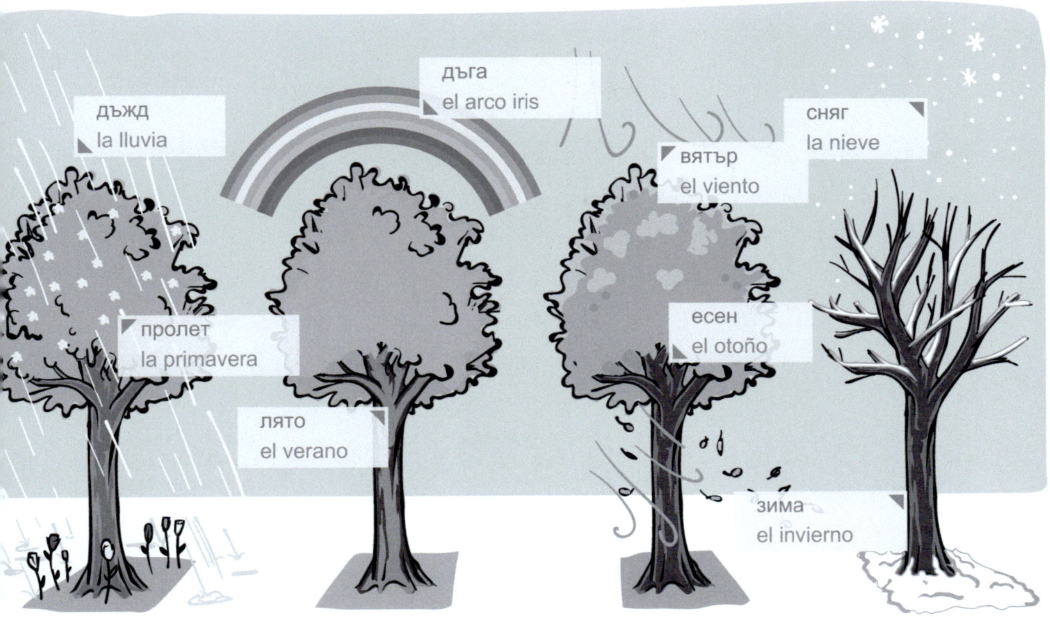

прогноза за времето

el pronóstico meteorológico

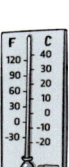

термометър

el termómetro

слънчева светлина

la luz del sol

облак

la nube

мъгла

la niebla

влажност на въздуха

la humedad

светкавица

el rayo

гръмотевица

el trueno

буря

la tormenta

градушка

el granizo

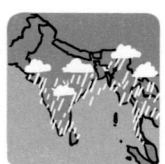

мусон

el monzón

наводнение

la inundación

лед

el hielo

януари

enero

февруари

febrero

март

marzo

април

abril

май

mayo

юни

junio

юли

julio

август

agosto

септември

septiembre

октомври

octubre

ноември

noviembre

декември

diciembre

форми

las formas

кръг

el círculo

квадрат

el cuadrado

четириъгълник

el rectángulo

триъгълник

el triángulo

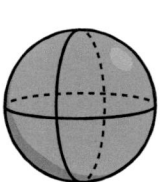

сфера

la esfera

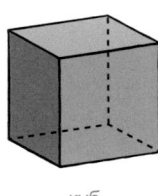

куб

el cubo

бял

blanco

жълт

amarillo

оранжев

naranja

розов

rosa

червен

rojo

лилав

violeta

син

azul

зелен

verde

кафяв

marrón

сив

gris

черен

negro

много / малко

mucho / poco

ядосан / спокоен

enojado / tranquilo

красив / грозен

lindo / feo

начало / край

el principio / el fin

голям / малък

grande / chico

светъл / тъмен

claro / oscuro

брат / сестра

el hermano / la hermana

чист / мръсен

limpio / sucio

пълен / непълен

completo / incompleto

ден / нощ

el día / la noche

мъртъв / жив

muerto / vivo

широк / тесен

ancho / angosto

ядлив / неядлив

comestible / no comestible

сърдит / любезен

malo / amable

развълнуван / скучаещ

entusiasmado / aburrido

дебел / тънък

gordo / flaco

най-напред / най-накрая

primero / último

приятел / враг

el amigo / el enemigo

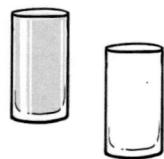

пълен / празен

lleno / vacío

твърд / мек

duro / blando

тежък / лек

pesado / liviano

глад / жажда

el hambre / la sed

болен / здрав

enfermo / sano

нелегален / легален

ilegal / legal

интелигентен / глупав

inteligente / estúpido

ляво / дясно

izquierda / derecha

близо / далече

cerca / lejos

нов / употребяван

nuevo / usado

нищо / нещо

nada / algo

стар / млад

viejo / joven

вкл. / изкл.

encendido / apagado

отворен / затворен

abierto / cerrado

тих / силен (звук)

silencioso / ruidoso

богат / беден

rico / pobre

правилен / погрешен

correcto / incorrecto

грапав / гладък

áspero / suave

тъжен / щастлив

triste / contento

дълъг / къс

corto / largo

бавен / бърз

lento / rápido

мокър / сух

mojado / seco

топъл / студен

caliente / frío

война / мир

guerra / paz

противоположности - los opuestos

los números

0

нула

cero

1

едно

uno

2

две

dos

3

три

tres

4

четири

cuatro

5

пет

cinco

6

шест

seis

7

седем

siete

8

осем

ocho

9

девет

nueve

10

десет

diez

11

единадесет

once

12

дванадесет

doce

13

тринадесет

trece

14

четиринадесет

catorce

15

петнадесет

quince

16

шестнадесет

dieciséis

17

седемнадесет

diecisiete

18

осемнадесет

dieciocho

19

деветнадесет

diecinueve

20

двадесет

veinte

100

сто

cien

1.000

хиляда

mil

1.000.000

милион

el millón

английски

el inglés

американски английски

el inglés americano

китайски мандарин

el chino mandarín

хинди

el hindi

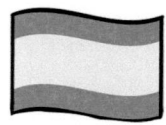

испански

el español

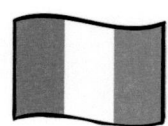

френски

el francés

арабски

el árabe

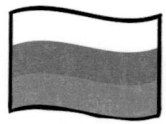

руски

el ruso

португалски

el portugués

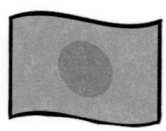

бенгалски

el bengalí

немски

el alemán

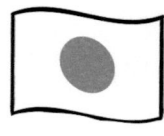

японски

el japonés

аз

yo

ти

vos

той / тя / то

él / ella

ние

nosotros

вие

ustedes

те

ellos

кой?

¿quién?

какво?

¿qué?

как?

¿cómo?

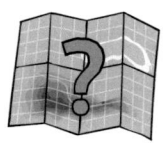

къде?

¿dónde?

кога?

¿cuándo?

име

el nombre

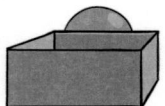

зад

detrás

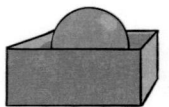

в

en

пред

adelante de

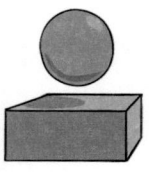

над

por encima de

върху

sobre

под

debajo de

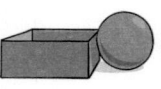

до

al lado de

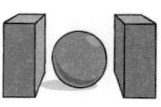

между

entre

място

el lugar